Karin G.E. Sikora

Spektrum

Religionserziehung

Beispiel: Die religionspädagogische Arbeit mit muslimischen Kindern

Eine Praxishilfe mit Projektideen für die Kita und alle Interessierte

Inhaltsverzeichnis

Vorwort   1-2

Projektarbeit und Aktivitäten   2

Religionspädagogik, Sprachförderung, Pädagogik der Vielfalt und mehr   3

Tiere im Quran und in der Sunnah

     Die Spinne (Prophet Muhammad s.a.s.)   4-5
     Der Wal (Prophet Yunus)   6-7
     Die Schlange (Prophet Musa)   8
     Der Elefant   9-10
     Die Ameisen (Prophet Sulaiman)   11
     Die Kuh   12
     Die Eselin und die Kamelstute (Prophet Muhammad s.a.s.)   13
     Der Hund   14
     Die Katze   15-16
     Die Bienen   17-18
     Die Kamelstute (Prophet Salih)   19
     Das Schaf (Prophet Ibrahim,Ismail, Isaak)   20
     Alle Tiere (Prophet Nuh, Noah)   21-22
     Prophet 'Isa Ibn Mariam (Jesus)   23
     25 namentlich bekannte Propheten   24
     Schlusswort   25
     Quellen- und Literaturverzeichnis   26

Bibliografische Information der Deutschen Nationalbibliothek:
Die Deutsche Nationalbibliothek verzeichnet diese Publikation
in der Deutschen Nationalbibliografie; detailierte bibliografische
Daten sind im Internet über http://dnb.dnb.de abrufbar.

© 2018 Karin G.E. Sikora
Herstellung und Verlag
BoD – Books on Demand, Norderstedt

ISBN: 978-3-7528-6007-8

Der Prophet Muhammad s.a.s. sagte:

„ Gesegnet ist derjenige, dessen eigene Fehler ihn abhalten, die Fehler anderer zu bemerken".

Und:

„Mit Geduld gelangt man zum Ziel".

(Hadithen)

Vorwort

Dieser Leitfaden soll eine Hilfe für die interreligiöse Arbeit und für Kindertagesstätten mit überwiegend muslimischen Kindern sein. Er könnte Erzieher/innen bei ihrer alltäglichen Arbeit mit Kindern muslimischer Herkunft helfen. Wenn Sie als Erzieher/in mit diesem Buch arbeiten bzw. es lesen, werden sie zuerst sicher die **Gemeinsamkeiten** im Islam ,Christentum und Judentum erkennen. Die Prophetengeschichten handeln von ganz besonderen Männern, die Muslime sowie Christen und Juden zum Teil kennen. Sie hatten den Auftrag den Glauben an Gott ihren Mitmenschen zu vermitteln und mußten sich in ihrem gesamten Leben dieser schwierigen Aufgabe stellen. Ich entschied mich für das Thema „Tiere im Quran und Sunnah" weil Kinder Tiere lieben. So kann man anknüpfen an die ja nicht ganz einfache Religionspädagogik bzw. Islampädagogik. Die Geschichten handeln meistens von einem Propheten und seiner Geschichte. In welcher Reihenfolge man sie erzählt, ist unwichtig. Ich habe sie nach meinen eigenen Erinnerungen dokumentiert. Manche Geschichten sind vom heiligen Quran abgeleitet wie zum Beispiel die vom Elefanten oder stammen aus einer Hadith (Überlieferung).

In der Kindertagesstätte arbeitete ich als Erzieherin gut ein Jahr lang an diesem Projekt. Wir fingen mit der Spinne an, beendeten mit der Arche Noah und allen Tieren und Prophet Isa (Jesus). Nach über einen Jahr sind wir bei den Propheten und Ihren Wundern / Zeichen angelangt gewesen. Die Kinder der Gruppe sind 3 bis 6 Jahre alt. Nach der Schließzeit widmeten wir uns den Prophetengeschichten ohne Tiere. Da gibt es ja auch genug zu erzählen wie zum Beispiel die Wunder des Propheten 'Isa Ibn Mariam, also in Deutschland Jesus. So erfahren einige Kinder, woher zum Beispiel ihre Namen stammen. Inzwischen wurde alles wiederholt und jede Pädagogin/jeder Pädagoge kann ihre/seine Ideen und Methoden einbringen.
Diese Sammlung soll ein Leitfaden sein und Spielraum für Erweiterung oder Änderung bieten. Wichtig ist mir als Autorin, dass alle Seiten (also Christen, Juden, Muslime) mal auf die Gemeinsamkeiten schauen, die die Religionen haben bzw. die Menschen an sich haben anstatt immer mit den Finger auf die Unterschiede zu zeigen. So was bringt Unruhe (arabisch: Fidne) und sollte vermieden werden. Also stellt diese Praxishilfe einen Versuch da, sogenanntes religiöses Mobbing entgegen zu wirken. Darüber habe ich inzwischen in vielen Zeitungen gelesen.
Denken wir doch an den normalen Alltag:
Der muslimische Nachbar steht morgens vielleicht genauso in seiner Einbauküche desselben schwedischen Möbelhauses wie der deutsche christliche Mieter. Weil der Muslim vergessen hat, Brot zu kaufen, rennt er zum selben deutschen Bäcker wie der Nachbar. Und der deutsche christliche Nachbar holt sich zu Mittag sehr gerne den türkischen Döner um die Ecke, um in seinem „schwedischen" Wohnzimmer zu essen. Die muslimische Familie diskutiert jedes Wochenende, ob sie lieber vergetative Pizza vom Italiener oder Sushi vom Vietnamesen in der Straße holen soll. Und der jüdische Deutsche liebt den arabischen Hummus zu essen. Wie man sieht, gibt es da viel Gemeinsamkeiten, oder ? Sie können das auch mal in der Teamsitzung diskutieren.
Wenn wir den Faden weiterspinnen (ganz gewagt weit) werden wir auf einmal merken, dass 'Isa Ibn Mariam, also Jesus für Christen, auch Messias genannt, kein Europäer war und wie der Prophet Muhammad s.a.s.aus dem Gebiet des Nahen Osten stammt. So, was bedeutet das für uns? Ist dies nicht ein Zeichen ? Haben nicht alle Menschen die gleichen Vorfahren und Wurzeln?
Zeigt uns nicht die Geschichte, dass es schon immer Völkerwanderungen gab?
An dieser Stelle bedanke ich mich bei meinen Erzieherkolleginnen, die mich überhaupt erst dazu inspiriert haben, den kleinen Muslimen ihre Religion mit Freude und Kreativität zu vermitteln. Ebenfalls Dank an meinen Arbeitgebern, die mir diese Gelegenheit ermöglichten bzw. ermöglichen. Außerdem bedanke ich mich an dieser Stelle bei meinen Ehemann und meinen Kindern, die mich immer unterstützten und Fragen beantworteten sowie den Moscheen in Berlin, die Unterrichte, Kurse, Führungen und Reden in deutscher Sprache anbieten.

In der Zeitspanne zwischen Idee und Umsetzung wurde mir immer klarer, wie wichtig die Islampädagogik in dieser Zeit ist. Junge Muslime brauchen Selbstbewusstsein und Klarheit sowie Akzeptanz in dieser Gesellschaft, sie sind ein Teil der Vielfalt und eine Bereicherung, wenn man aufeinander zu kommt. Verunsicherung und viele negative Erlebnisse wie Diskriminierung formen einen unstabilen Menschen. möglicherweise sogar ohne Empathie, wenn er diese nicht selbst erfahren hatte.

Projektarbeit und Aktivitäten

Was ist Projektarbeit?

Wenn wir von Projektarbeit sprechen, meinen wir im Prinzip mehrere zu einem Thema gehörende Aktivitäten. Ein Projekt dauert mehrere Tage, Wochen oder Monate und das Thema wird vielleicht durch ganz unterschiedliche Aktivitäten an die Kinder herangetragen. Da kann auch malen, basteln, singen, experimentieren oder ein Ausflug dabei sein, je nachdem. Viele sogenannte Bildungsbereiche werden berührt:

Sprache/ Kommunikation, Religion/Soziales und kulturelles Lernen, Bildnerisches Gestalten/Kunst, Musik/Sprache sowie Bewegung/Sport und erste naturwissenschaftliche Erfahrungen.

Zur Projektarbeit gehören Vor- und Nacharbeit, also Planung, Organisation, Durchführung und Dokumentation. Im Berliner Bildungsprogramm wird das auch so beschrieben.

Religionspädagogik, Sprachförderung, Pädagogik der Vielfalt und mehr

Wie bereits im vorigen Kapitel erwähnt, berühren sich gerade in der Religionspädagogik die Bildungsbereiche. In der Schule spricht man von unterrichtsübergreifend.
In den folgenden Seiten wird deutlich sichtbar, wie sich sogar Biologie oder Physik „einschleichen". Das macht der Erzieherin/dem Erzieher Spaß und den Kindern erst recht.
Ich hoffe sehr, dass dieses kleine Handbuch auch verbindet, schließlich kennen Muslime, Christen und Juden gleiche Propheten. So kann man auch im multikulturellen Team die Gemeinsamkeiten finden anstatt ständig auf die Unterschiede zu zeigen !

Selbstverständlich ist mir bekannt, dass es verschiedene Rechtschulen im Islam gibt.
Wenn ich hier Basteln oder Malen als Aktivitäten vorschlage, ist mir durchaus klar, dass es dazu auch kritische Haltungen geben wird. Das muss jede Erzieherin/ jeder Erzieher mit sich selbst vereinbaren. Ich persönlich bin der Meinung, dass es sich dabei lediglich um Lernprozesse handelt und Kinder die Akteure sind. Doch ich versuche mich dazu anzuhalten, dass ich so oft wie möglich erwähne, dass nur Allah (Gott) Dinge erschaffen kann. Figuren aus Knete werden sowieso wieder vernichtet. Aber wie gesagt, es gibt verschiedene Auslegungen. Wir müssen uns in der Kita an das Bildungsprogramm richten, in Berlin das Berliner Bildungsprogramm, kurz BBP.

Mir als Autorin ist wichtig, dass die Kinder über ihre Religion spielerisch lernen, so dass sie sozusagen mit starken Wurzeln im Leben stehen. Wenn Sie im Buch lesen und es durcharbeiten, werden Sie feststellen, dass die Gemeinsamkeiten der Religionen uns gegenseitig aufmuntern zu respektieren und zu tolerieren, eine Inklusion innerhalb der Religionspädagogik. Lassen Sie uns die Fragen der Kinder beantworten, helfen wir Ihnen selbstbewusst und mit festen Wurzeln erwachsen zu werden.

Die Spinne (Prophet Muhammad s.a.s.)

Ziel: Geschichte vom Propheten Muhammad s.a.s. und seiner Flucht thematisieren

Zielgruppe: Kindergruppe von ca. 10 Kindern im Alter von 3-6 Jahren

Arbeitsmittel: Pappe oder Karton, Wollfaden, Liedertexte, Flaschendraht, Haselnüsse o.ä., Malpapier, Buntstifte

Kinder lieben es, Spinnen zu basteln und Netze zu malen. Es gibt eine sehr schöne, bekannte Geschichte vom Propheten Muhammad s.a.s, der sich vor seinen Gegnern in einer Höhle versteckte und eine Spinne ihr Netz vor dem Höhleneingang spann, so dass die Verfolger nicht geglaubt hätten, dass jemand vor kurzem diese Höhle betreten hat. Außerdem baute auch eine Taube ihr Nest vor den Höhleneingang.

Methode:

Zuerst recheriert die Erzieherin/der Erzieher nach dieser Geschichte in eigenen Quellen. Dann gibt sie/er nach dem gewohnten Eröffnungsritual im Morgenkreis diese Geschichte mit eigenen Worten wieder, also ohne auf einen Text zu schauen. Sie/er kann aus Pappe eine Höhle mit Netz im Morgenkreis stellen. Es ist übrigens auch islamische Tradition frei zu erzählen. Dann werden Lieder zur Spinne gesungen wie z.B. das **bekannte Lied** : „Klitzekleine Spinne" oder der Reim[1] „Eine kleine Spinne" mit Bewegungen aufgesagt. Das Abschlussritual sollte wie gewohnt durchgeführt werden.
Nach dem Morgenkreis können die Kinder Spinnen basteln. Mit Flaschendraht und einer angemalten Haselnuss macht das viel Spaß. In unserer Kita haben wir sogar ein Spinnenmobile hängen, von dem wir uns übrigens gar nicht mehr trennen können. Auf einem Blatt Papier zeichnen die Kinder sehr gerne Netze. Dass sie hin und wieder von „Spiderman" reden, muß man auffangen und thematisieren. Was ist eine ausgedachte Geschichte, was ist ein Film usw. . Ausmalbilder sind auch immer zu empfehlen. **Wichtig:** Es gibt im Islam verschiedene Rechtsschulen, wenn das Konzept und/oder die Eltern es nicht wünschen, dass eine Tierfigur gebastelt wird, werden halt nur Spinnennetze gemalt. Sollte Musik nicht so erwünscht sein (was für die Sprachförderung jedoch wichtig ist) kann man eben Reime benutzen.

Spinne

Spinne, Spinne, Spinne
dünner, dünner Faden
Faden für feines festes Netz
das nicht schnell zerfetzt
Hält bei Wind und Regen
welch ein Segen!

(Karin Sikora)

4

---

1 Vgl. www.uni-due.de Themenbezogene Spiele, Lieder und Reime 21.04.2018 21:05

Ergebnis: Wir konnten die ganze Woche Aktivitäten mit Spinnen bzw. über Spinnen anbieten.

Religionserziehung
Sprachliche Bildung
Musik
Kreatives
Biologie/Natur

Bastelvorschlag

Der Wal (Prophet Yunus, Sure 10, Quran)

Ziel: Vermittlung der Geschichte des Propheten Yunus sowie das Thematisieren von
Mut und Durchhaltevermögen
Übergreifend auch Sprachliche Bildung sowie Erwerb von Naturkenntnissen

Zielgruppe: Kindergruppe von ca. 10 Kindern im Altern von 3 bis 6 Jahren
oder gemischte Gruppe von ca. 20 Kindern im Alter von 2 bis 6 Jahren

Arbeitsmaterialien: Viel Pappe, blaue Wellpappe, Stifte, Scheren, Klebstoff, Bücher

Inhalt/Geschichte:

In dieser Geschichte ist die Hauptperson der Prophet Yunus, der arge Schwierigkeiten mit
seinen ungläubigen Mitmenschen hatte und sie nicht vom Glauben überzeugen konnte.
Er verlor den Mut, gab auf und wollte das Land per Schiff verlassen. Dieses Schiff kam in einen
Sturm bzw. einen schlimmen Unwetter. Der Kapitän des Schiffes war sich ganz sicher, dass sich
jemand auf dem Schiff befand, der Unglück brachte, weil er Unrecht getan hatte. Es wurde
ausgelost, wer vom Bord geworfen werden sollte. Yunus zog das Los. Er wurde also ins Meer
geworfen. Natürlich bereute Yunus alles aufrichtig. Dann kam ein Wal, verschluckte ihn lebendig
und brachte ihn ans Ufer. Dort wuchs eine Kürbispflanze zum Schutz über ihn. Yunus, der hätte
nicht aufgeben sollen, kehrte in sein Land zurück und die Menschen dort wurden alle gläubige und
friedliche Menschen, denn Allah (Gott) hatte ihnen das sowieso vorbestimmt.

Methode:

Die o.g. Version ist von mir nacherzählt wurden. Vielleicht recherchieren sie selber noch mal.
Eventuell gibt es Unterschiede. Tragen Sie die Geschichte wieder im Morgenkreis nach der
Eröffnung vor. Danach kann mal Wale auf Pappe vorzeichnen, die die Kinder dann ausschneiden.
Diese Wale kann man dann auf blaue Wellpappe kleben und die Wände damit schmücken. So wird
die Arbeit transparent, denn die Eltern sehen, was die Kita macht. Wer keine ganzen Wesen malen
möchte, kann Wasserwellen aufmalen und z.B. einen „halben Wal" auftauchen lassen. Danach kann
man noch auf den Unterschied zwischen Bächen, Flüssen, Teichen, Seen und Meeren eingehen und
sich Bilderbücher mit den verschiedenen Fischen ansehen.
Ein Besuch in einer Bibliothek, dem Aquarium oder ggf. dem Sea Life würde die Thematik
abrunden bzw. gut ergänzen. Zwischendurch können Ausmalbilder verteilt werden.

Ergebnis:

Die Kitakinder lernen in dieser Geschichte viel von dem Verhalten der Menschen untereinander kennen, früher wie heute. Jemand möchte eine Botschaft verbreiten und wird ausgelacht und mehr. Auch die schwere Frage, ob es sinnvoll ist, aufzugeben oder weiterzumachen wird angesprochen. Die Vorschulkinder können, je Stand, darüber reden, also einen Dialog führen. In unserer Kita hat es den Kindern großen Spaß bereitet, Fische auszumalen bzw. selbst zu malen (je nach Entwicklungsstand) um diese danach auszuschneiden und aufzukleben. Hier war viel Sprachförderung dabei: Schuppen, Flosse, Maul, usw. .

Religionserziehung
Sprachliche Bildung
Kreatives
Natur/Biologie
Exkursion
.

Die Schlange (Prophet Musa, Moses, Sure 26:43-48 ,Quran)

Ziel: Vermittlung der Geschichte vom Propheten Musa (hier Moses), das sog. Zaubern thematisieren

Zielgruppe: Kindergruppe mit Kindern im Alter von 3-6 Jahren

**Arbeitsmaterialien: 1 Stock oder ein gerader großer Ast von draussen,
Stifte, Scheren, Kleber, Knete, Kinderbuch/-bücher**

Der Prophet Musa, also Moses, wurde zum Pharao bestellt, um zu beweisen, dass er ein Prophet ist.
Er hatte einen Stock dabei. Beim Treffen waren auch Zauberer dabei. Der Pharao gab ihnen die
Aufgabe, ihre Stöcke und Stricke zu Schlangen zu verwandeln, was den Zauberern auch gelang.
Musa jedoch konnte seinen Stock mit Allahs Hilfe in eine richtige Schlange verwandeln, die die
anderen kleinen Schlangen verschlang.
Die Zauberer erkannten dass richtige Wunder sofort und bekehrten sich zum Glauben an einen
einzigen Gott. Dies ist eine Kurzfassung mit meinen Worten. Ich empfehle den Erzieherinnen bzw.
Erziehern auch selbst zu recherieren . Zu beachten ist jedoch, dass die Geschichte in einfachen
Worten erzählt wird.

Methode:

Die Überlieferung wird wieder im Morgenkreis vorgetragen und der richtige Stock dient
zur besseren Veranschaulichung. Später werden wieder Schlangen aufgemalt und aus-
geschnitten. Diese können die Wand der Kita schmücken. Außerdem sind Schlangen
aus Knete immer beliebt und das Arbeiten mit Knete fördert die Feinmotorik. Natürlich
kann man auch wieder zum Sachbuch greifen und Ausmalbilder benutzen.
Oder man belässt es beim Morgenkreis wie oben.

Ergebnis:

Ich konnte feststellen, dass diese Geschichte sehr bekannt ist und einige Kinder konnten
sie selbst erzählen.

Religionserziehung
Sprachliche Bildung
Kreatives
Feinmotorik

Der Elefant (Al Fil auf arabisch, 105. Sure)

Ziel: Vermittlung und Veranschaulichung einer wichtigen Sure im Quran (105. Sure)

Zielgruppe: Kindergruppe mit Kindern im Alter von 3 bis 6 Jahren (ca. 10)
oder gemischte Gruppe mit Kindern von 2 bis max. 6 Jahre (ca. 20)

Arbeitsmaterialien: 1 großer Pappkarton (vorbereitet, s. Text), Stifte, Scheren, Kleber, Papier, Pappe, Elefantenfigur/en, Globus/Weltkarte, Kinderbuch

Meine Kurzversion für Kinder:

Hier handelt es sich um den Inhalt einer Sure im Quran. Der böse König Akrabah wollte die Kaaba in Mekka zerstören lassen. Zu dieser pilgerten ganz viele Menschen, was Handel und Geld bedeutete. Er kam mit seinen Elefanten dort an und der Leitelefant weigerte sich die Kaaba zu zerstören, egal wie er geschlagen wurde. Die Elefanten gingen nicht weiter in Richtung Kaaba. Dies geschah im Geburtsjahr des Propheten Muhammad s.a.s. Gleichzeitig bewarfen Vögel die Soldaten des Königs mit Tonscherben („Ton-Steinen").

Methode:

Die Kurzfassung wird im Morgenkreis von der Erzieherin/dem Erzieher vorgetragen. Ein Karton (der vorab vielleicht schon schwarz bemalt und verziert wurde) veranschaulicht die Kaaba. Eine Elefantenfigur wird vor die Kaaba gestellt. Die Erzieherin/der Erzieher kann den Kindern mit Hilfe von einem Globus oder einer Weltkarte Saudi Arabien und Mekka zeigen.

Danach werden auf großen Papier oder Pappe Elefanten gemalt, um sie widerum auszuschneiden. Jedes Kind fertigt einen großen Elefant an, die Elefantenkette ist ein schöner Wandschmuck und die Eltern freuen sich bestimmt über die Ausstellung. Sprachförderung ist natürlich wieder dabei, denn beim Malen und Ausschneiden beschreibt die Erzieherin/der Erzieher das Tier: Stoßzähne, Ohren, Rüssel usw. .
Bücher sind wie immer eine Bereicherung dazu. Außerdem gibt es schöne Elefantengeschichten wie Elmar[2] usw..

Ein Reim zum Aufsagen im Morgenkreis und/oder am Tisch:

Die Elefantenherde

An der Wasserstelle
sammelt sich eine Herde
Eine Herde mit Elefanten

1-2-3-4-5-6-7-8

Achtung – bald wird es Nacht !
Kommt her, kommt her zum Wasserloch
trinkt, trinkt, es reicht noch, ja noch !

(Karin Sikora)   9

---

2 Elmar, Kinderbücher, Autor: David McKee, Thienemann Verlag

Das Elefantenbaby

Kommt eine Elefantenherde
1-2-3-4-5
trampel, trampel, trampel
stampf, stampf, stampf
Ohrenwackeln, Ohrenwackeln
es wackelt und bebt die Erde
6-7-8
gebt auf das Baby hinten acht!
9-10
Elefanten, ihr müßt zum Baby sehn!

(Reim mit Bewegungen wie trampeln, stampfen, umdrehen, Karin Sikora)

Ergebnis:

Die Elefanten wurden von den Kindern nicht immer in der Naturfarbe gewählt. Hier kann man den Kindern Fantasie lassen, auch wenn dann viele Striche fast einen Mammut daraus werden lassen.
Reime und Gedichte fördern die sprachliche Bildung.

Religionserziehung
Sprachliche Bildung
Musik
Kreatives
Natur/Biologie
Erdkunde

Die Ameisen (Prophet Sulaiman, Sure 27:16-18 An Naml, Quran)

Ziel: Vermittlung der Überlieferung (Geschichte) vom Propheten Sulaiman

Zielgruppe: Kindergruppe mit ca. 10 Kindern im Alter von 3 bis 6 Jahren

Arbeitsmaterialien: Ausmalbilder Ameise, Perlen oder ähnliches s. Text

Kurzfassung:

Der Prophet Sulaiman konnte die Sprache der Tiere verstehen. Als er einmal mit seinen Soldaten unterwegs war, hörte er eine Ameise zu den anderen Ameisen sagen, dass sie in ihre Häuser gehen sollen, damit sie nicht aus Versehen von Sulaiman und seinen Heer zertreten werden.

Methode:

Die Erzieherin trägt, nachdem sie selbst recheriert hat, kurz das Ereignis vor und beschreibt die Eigenschaft des Propheten Sulaiman. Hier kann man nachhaken was das Imitieren von Tierlauten betrifft wie zum Beispiel Hundebellen, Miauen, Krähen, Gackern, Muhen, wie Esel „IA" machen usw..
Außerdem könnte man kleine Perlen oder ähnliches auf dem Fußboden verteilen und alle sollen versuchen, nicht darauf zu treten (Spiel). Auch von der Ameise gibt es Ausmalbilder.

Ergebnis:

Die Kinder machen sich Gedanken, wie die Tiere miteinander kommunizieren. Außerdem erwerben sie Kenntnisse über das Aussehen einer Ameise und der Wortschatz wird erweitert.

Religionserziehung
Sprachliche Bildung
Kommunikation
Natur/Biologie

Die Kuh (Al Baqara auf arabisch, 2. Sure, Quran)

Ziel: Kennenlernen/Hören der Sure Al Baqara

Zielgruppe: Kindergruppe von ca. 10 Kindern im Alter von 3 – 6 Jahren

Arbeitsmaterialien: Quran, Malpapier, Stifte und Scheren (oder Ausmalbild mit einer Kuh)

Die Sure Al-Baqara (Die Kuh) ist die längste Sure im Quran und behandelt viele Themen. Ein Vorschlag: Einen Quran zeigen und die Sure Al-Baqara aufschlagen, dies auch im Morgenkreis. Später, wegen des Namens der Sure, eine Kuh malen und ausschneiden lassen oder Ausmalbilder verteilen. Oder die Kinder hören die Sure einfach.

Ergebnis: Die Sure Al Baqara ist die längste Sure im Quran. Es werden viele Themen angesprochen und es ist wesentlich schwieriger diese Sure den Kita-Kindern zu vermitteln. Vorschlag: Ein Moscheebesuch.

Religionserziehung
Kreatives
Exkursion

Die Eselin und die Kamelstute (Prophet Muhammad s.a.s.)

Ziel: Vermittlung einer Überlieferung aus der Kindheit des Propheten

Zielgruppe: Kindergruppe von ca. 10 Kindern im Alter von 3 bis 6 Jahren

Arbeitsmaterialien: Malpapier oder Ausmalbild mit einem Esel und /oder einem Kamel, Stifte und Scheren, Bücher
Morgenkreis: Stadt und Dorf mit Bausteinen, Sand, Milchpackung, Milchkanne, ...

Methode:

Eigene Kurzfassung:

Es geht eigentlich um einen weiblichen Esel, also einer Eselin. Als der Prophet Muhammad s.a.s. geboren wurde, war es in der Stadt Mekka Brauch, die Neugeborenen Familien außerhalb der Stadt für eine bestimmte Zeit gegen Entgelt zu geben. Die Luft in der Stadt war zum Beispiel nicht gut. So geschah es auch bei Muhammad s.a.s.. Seine Mutter Amina übergab ihm der Stillmutter Halima. Halima und ihren Mann ging es nicht so gut und sie nahmen das Baby zu sich. Auch die Eselin der beiden war ziemlich mager und langsam. Aber als sie den kleinen Muhammad s.a.s. zu sich nahmen, veränderte sich die Lage mit einmal.. Die Eselin wurde dicker, kräftiger und schneller. Alle waren sehr gut versorgt. Auch Halima hatte Milch für zwei Säuglinge und die Kamelstute gab auch sehr viel Milch ab. Halima und ihren Mann war dies Wunder natürlich aufgefallen und sie spürten, dass sie ein besonderes Kind aufgenommen hatten.

Methode: Den Morgenkreis mit o.g. Materialien zur Veranschaulichung vorbereiten und die Geschichte vortragen.

Ergebnis:

Es war durch die Geschichte nötig geworden, das Thema Familie aufzuarbeiten. Vater, Mutter, Kind/er. Aber auch was eine Stillmutter (arab. Amme) oder zum Beispiel heutzutage eine Pflegefamilie ist, kann besprochen werden. Die Erzieher können auch die folgende Zeit die Familie an sich mit einschließlich Oma, Opa, Tante, Onkel, Cousine und Cousin thematisieren. Dazu gibt es Bücher. Außerdem könnte man die Familien der Kinder besuchen. Mir ist beim Vortragen richtig bewusst geworden, wie aktuell diese Geschichte in unsere Zeit passt. Die Luft in der Großstadt ist heutzutage ebenfalls nicht gesund (Allergien, Ozonwert) und das Thema Pflegefamilie sowieso immer aktuell. Ausmalbilder sind immer beliebt und können hier wieder ausgeteilt werden. Wer möchte, kann die Bilder ausschneiden.

Religionserziehung
Soziales
Sprachliche Bildung
Kreatives
Exkursion

Der Hund (Überlieferung, Hadith)

Ziel: Vermittlung einer Überlieferung

Zielgruppe: Kindergruppe mit ca. 10 Kindern im Alter von 3 bis 6 Jahren

Arbeitsmaterialien: Bausteine, Eimer und Plüschtier zur Veranschaulichung, Malpapier, Pappe, Stifte, Scheren, Kleber, Bücher

Methode:

In der Bauecke versuchen 3-4 Kinder einen Brunnen aus Holzbausteinen zu bauen. Als Vorlage dient ein Bild aus einem Buch. Die Aufgabe ist etwas schwieriger, weil der Brunnen ja rund ist. Im Morgenkreis wird noch einmal ein oder mehrere Bilder von Brunnen zur Veranschaulichung in die Kreismitte gelegt. Man kann noch ein Plüschtier benutzen oder auch Bilder von Hunden. Der Brunnen wird durch einen Plastikeimer ersetzt. Dann erzählt die Erzieherin/der Erzieher die Geschichte:

Ein Mann war lange unterwegs und hatte starken Durst. Er sah einen Brunnen und kletterte hinab, um Wasser zu trinken. Als er wieder oben war, sah er einen Hund, der ebenfalls ganz durstig war. Vor lauter Durst fraß dieser sogar Sand. Der Mann stieg erneut den Brunnen hinab und füllte seinen Schuh mit Wasser und gab dies dem Hund zu trinken. Die Leute fragten den Propheten Muhammad s.a.s. ob man auch dafür belohnt wird und Muhammad s.a.s. bejahte das.

Nach dem Morgenkreis oder in der Woche malen Kinder Hundebilder und schneiden sie aus. Man kann das ganze noch auf einem Bild mit Brunnen kleben. Zusätzlich geht es um Hunde, Tierbücher und Tierschutz. Vorschlag: Wenn es ein Tierheim in der Nähe gibt und es personell möglich ist, ein Tierheim besuchen.

Ergebnis: Kinder lieben Tiere. Manche haben vielleicht sogar Haustiere. Ob Schildkröten, Kaninchen oder andere Tiere: Nach Absprache könnten Kinder, wenn alle einschließlich der Eltern einverstanden sind, ihr Haustier mit in die Kita bringen.

Religionserziehung
Soziales
Sprachliche Bildung
Kreatives
Natur
Exkursion

Die Katze (Überlieferungen, Hadithen)

Ziel: Vermittlung von Überlieferungen

Zielgruppe: Kindergruppe mit ca. 10 Kindern im Alter von 3 bis 6 Jahren

Arbeitsmaterialien: Malpapier, Pappe, Stifte, Scheren, Kleber, viele Tierbücher

Methode:

Geschichten für den Morgenkreis:
Der Prophet Muhammad s.a.s. mochte Katzen sehr gerne. Katzen sind im Gegensatz zu Hunden bei den Muslimen geachtete Tiere.
Beim Recherchieren stieß ich auf eine hübsche Geschichte vom Propheten Muhammad s.a.s. :Als er zum Gebet aufstehen wollte, entdeckte er seine Katze schlafend auf dem Arm bzw. dem Ärmel. Er schnitt den Ärmel seiner Kleidung ab, um sie nicht aufzuwecken und ging so zur Moschee zum Gebet. Als er zurückkehrte, verneigte sich seine Katze Muízza vor ihm. [3]

Wer Katzen quält, kommt in die Hölle. Dies ist für Kinder schwer zu verstehen, deshalb: Wer Katzen quält, wird hart bestraft.

Dann gibt es noch eine weit verbreitete Geschichte von einer Frau, die eine Katze einsperrte und ihr weder Essen und Trinken gab. Die Katze war gefangen und angebunden. Lt. dem Propheten Muhammad s.a.s. wird der Mensch für so eine Tierquälerei bestraft. Man muß sich das mal vorstellen: Das Tier hatte ja nicht einmal die Möglichkeit, Mäuse und Insekten zu fangen.

Wie bei der Geschichte mit dem Hund kann man die folgende Woche das Thema Katzen anbieten. Dazu gibt es viele Bücher. Außerdem ist ein Besuch im Tierheim und alles rund um den Tierschutz gute Projektaktivitäten. Auch Ausmalbilder oder Katzen auf Pappe gemalt zum Ausschneiden sind wieder gut geeignet.

Ergebnis: Siehe Ergebnisse wie bei der Überlieferung vom Hund.

Religionserziehung
Soziales
Sprachliche Bildung
Natur
Exkursion

Änderungen möglich, zum Beispiel eine Katze (Kreativität) aus einer Papprolle basteln

---

3 Vgl. www.cat-news.net/katzen-im-islam, 7 Beweise, Stand: 26.05.2018 und
www.lesewerkarabisch.wordpress.com, Lesewerk Arabisch und Islam 17.03.2014
Ghurabalbayn, Katzen, Hunde und der Prophet, Stand: 26.05.2018

Origami – Katze (Bastelvorschlag)

Die Bienen (An Nahl, Sure 16:68-69, Quran)

Ziel: Vermittlung der Wichtigkeit der Bienen und dem Honig / Quran

Zielgruppe: Kindergruppe mit ca. 10 Kindern im Alter von 3 bis 6 Jahren

Arbeitsmaterialien: Pappe, Buntpapier, Kreppapier, Ausmalbilder, 1 Glas Honig, Sachbücher

Methode:

Die Erzieherin/der Erzieher erzählt wieder nach dem gewohnten Eröffnungsritual, dass die Biene im Quran erwähnt wird und wie gesund der Honig ist. Dann kann sie/er auch eine Schüssel mit Honig füllen oder einfach das Glas in der Mitte des Morgenkreises stellen.

Lieder über die Biene wie „Summ, summ, summ – das Bienchen summt herum" oder andere **bekannte Lieder** passen hier gut.

Nach dem Morgenkreis basteln die Kinder mit der Erzieherin/dem Erzieher Bienen als Wandschmuck und/oder Fensterbilder und malen Bilder aus.

Ergebnis:

Ich denke, hier ist neben der Vermittlung von Wissen über den Quraninhalt auf spielerischer Weise auch Biologie/ Gesundheit sowie viel Kreativität mit Sprachförderung enthalten. Sicher werden die Kinder sich beim Anblick des Honigglases erinnern sowie im Morgenkreis erzählen, dass sie das mit der Mutter/Vater zusammen mal gekauft haben oder einfach nur, dass sie auch so ein Glas Honig zu Hause haben. Vielleicht berichten sie vom Supermarkt und ein Dialog entsteht. Der Schutz der Bienen ist ein wichtiges Thema.

Religionserziehung
Sprachliche Bildung
Musik/Sprache
Kreatives
Natur/Biologie/Medizin/Gesundheit

Bild: Thema Honig/ Gestaltungsvorschlag

Die Kamelstute (Prophet Salih, Sure 7: 73, Quran)

Ziel: Vermittlung der Geschichte vom Propheten Salih

Zielgruppe: Kindergruppe mit ca. 10 Kindern im Alter von 3 bis 6 Jahren

Arbeitsmaterialien: 1 Kamelfigur, Vogelsand, Pappe, Stifte, Scheren, Kleber, Ausmalbilder

Methode/Geschichte:

Mit gewohnten Begrüßungs- bzw. Eröffnungsreim bzw. - lied beginnt der tägliche
Morgenkreis. Nachdem z.B. wie immer die anwesenden Kinder gezählt wurden bzw.
ein Kind sie zählte, beginnt die Erzieherin/der Erzieher mit der Geschichte vom Propheten Salih.
Sie/Er sollte selbst vorher wieder recheriert haben und sich auskennen. In der Mitte
kann eine Kamelfigur stehen. Vielleicht eignet sich Sand in der Mitte als geeigneter
Untergrund. So kommt mal die Atmospähre der Wüste rüber. Sie/Er erzählt die Geschichte
vom Propheten Salih, dem die Leute nicht glauben wollten und ihn als Lügner und Bösewicht
darstellten. Von Allah wurde eine wunderschöne Kamelstute gesendet. Sie sollten auf sie aufpassen,
sie weiden lassen und ihr Wasser geben, doch stattdessen töteten sie das Tier. Nach drei Tagen
wurden sie dafür bestraft. (Wir haben beim ersten Mal keinen Sand benutzt, denn man muß sich
später die Zeit nehmen, dass Ganze wegzufegen!)
Danach kann man Kamele auf Pappe malen , die Kinder sollten nach ihren Alter und ihrer
Geschicklichkeit so viel wie möglich selbst ausschneiden und aufkleben. Später können
die Kamele wieder als Wandschmuck dienen. Mit „Danach" meine ich nicht immer den
selben Tag, es kann in der nächsten Woche weiter gemacht werden. Zwischendurch können
Ausmalbilder verteilt werden.

Ergebnis:

Die Kinder lernten eine neue Prophetengeschichte kennen. Außerdem erwarben sie Kenntnisse
über ein Tier, dass in der Wüste viele Tage lang ohne Wasser zu trinken aushält.
Also wieder Sprachförderung, Erkenntnisse über die Natur, Feinmotorikförderung durch Schneiden
und Kleben, Förderung der Kreativität und natürlich Religionserziehung.

Religionserziehung
Sprachliche Bildung
Natur/Biologie
Kreatives
Feinmotorik

Das Schaf (Prophet Ibrahim, Ismael, Isaak, Sure 37: 99-113 Quran)

Ziel: Vermittlung der Geschichte vom Opferfest vor den Feiertagen

Zielgruppe: Kindergruppe im Alter von 4 bis 6 Jahren

Arbeitsmaterialien: Watte, Pappe, Stifte, Scheren, Kleber, Aufkleberaugen

Methode/Geschichte:

Also diese Geschichte eignet sich bestimmt am besten in der Zeit vor dem sogenannten Opferfest. Hier muß die Erzieherin/der Erzieher besonders sensibel sein, denn der Inhalt dieser Geschichte ist nicht einfach zu verstehen und eventuell noch nicht altersgerecht. Es ist zu überlegen, ob und wie man die gesamte Geschichte weiter gibt. Je nach Entwicklungsstand oder überhaupt sollte man sich der Wahl der Wörter bewußt sein. Die Opferfestgeschichte passt trotzdem in den Morgenkreis, denn die Kinder haben morgens die höchste Aufnahmebereitschaft.

Es geht ja um den Propheten Ibrahim, der im Schlaf von Allah den Auftrag erhielt, seinen Sohn Ismael zu opfern. Er war natürlich total erschrocken, jedoch gottergeben. Sein Sohn Ismael ebenfalls. Der ermutigte seinen Vater. Wenn Allah es so befohlen hatte, sollte es ausgeführt werden. An den gewählten Berg erschien dann für Ibrahim ein kleines Opferlamm (oder Opfertier) und alle waren erleichtert. Allah (Gott) wollte Ibrahim nur in seiner Gläubigkeit testen!!!

Dies ist jetzt meine Version. Die Geschichte kann wieder nach dem Begrüßungsritual vorgetragen werden. Wenn es gewünscht ist und/oder in der Kita eine Schafsfigur oder ein Kuschellamm vorhanden ist, kann es wieder in die Mitte des Morgenkreises stehen.

Später können wieder Tiere gebastelt werden. Jedes Kind ein Schaf mit viel Watte für die Wolle. Wir hatten zuerst in der Woche davor ein großes Schaf gemeinsam gebastelt – ein Riesenschaf. Rund herum haben wir die von den Kindern gebastelteten Schafe aufgehängt. Die Schafe waren sehr beliebt, weil sie doch so watteweich waren. Auch die großen Klebeaugen rundeten die Sache ab. Natürlich können Sie mit den Kindern kleine Lämmer dazu backen und vorher die Zutaten mit der Gruppe einkaufen.

Ergebnis:

Das Arbeiten mit der weichen Watte war eine sensomotorische Erfahrung. Die Kinder liebten die weiche Watte, die sie oft durch den Raum pusteten.

Religionserziehung
Sprachliche Bildung
Kreatives
Feinmotorik

Alle Tiere (Arche Noah, arabisch Nuh, Suren 71 und 11 Quran)

Ziel: Vermittlung der Geschichte vom Propheten Nuh, deutsch: Noah
     Sure 71 und 11 (Quran)

Zielgruppe: Kindergruppe im Alter von 3 bis 6 Jahren

**Arbeitsmaterialien: Tierfiguren, große Plastikkiste, kleine Plasikkiste, Wasser,
alte Zeitungen (Unterlage), Farbe, Papier, großes weißes Bettuch (oder weißer Stoff),
Pappteller, Stifte, Kleber, Scheren, Klebeaugen, Pinsel, Liedertexte, Tierbücher, Tierweltkarte
(wenn möglich)**

Methode/Geschichte:

Die Erzieherin/der Erzieher bereitet den Morgenkreis vor, in dem sie/er eine Plastikkiste so
ungefähr halb voll mit Wasser fühlt. Dann stellt sie/er eine weitere kleine Kiste leer daneben.
Außerdem stehen viele verschiedene Tierfiguren dabei, wenn möglich immer zwei der gleichen Art.
Die Kinder setzen sich um die Kisten. Nun kann man an dieser Stelle zuerst die Geschichte
vortragen, was aber schwierig sein wird, denn die Aufmerksamkeit der Kinder wird auf die
Gegenstände in der Mitte des Morgenkreises gerichtet sein.
Aber genau diese Aufmerksamkeit wollen wir ja! Besser ist es, wenn jedes Kind ein
Tier (oder Tierpaar) in die leere, kleine Kiste, die die Erzieherin/der Erzieher inzwischen auf das
Wasser gestellt hat, tut. Nun wird sich herausstellen, dass unsere Tiere mit der Kiste bald sinken
werden, denn sie wird immer schwerer! Dies ist eine Erfahrung, die man erst mal gesehen/gemacht
haben muß. Schweres sinkt, leichtes schwimmt. Wie hat der Prophet es geschafft, solch ein großes
Schiff zu bauen? Einige Kinder der Gruppe fragten, wie er es denn überhaupt ausgeführt hat, die
Tiere zu rufen oder sie überhaupt zum Schiff zu bringen (Kognition!!!). Oder ob die Vögel auf dem
Schiff waren oder nicht.
Das war, nachdem ich die Geschichte kurz vorgetragen hatte. Allah hat ihm natürlich
den Auftrag und die Kraft dazu gegeben. Ich gebe zu, diese Geschichte hat mich besonders
beeindruckt. Was für ein Riesenschiff muß das gewesen sein? Wie viele Etagen hatte es?

Ergebnis:

Hier geht es um alle Tiere der Erde: Landtiere, Wassertiere und Tiere in der Luft.
Die Kinder lernen die Tierarten kennen und können sie dann mehrmals in Morgenkreisen
zuordnen. Das macht Spaß. Auch Experimente mit Wasser sind immer beliebt und ein Theater-
stück mit Bühnenbild und Tiermasken (s. Arbeitsmaterialien) passt immer gut dazu. Wer recheriert,
findet zum Thema Lieder und Reime.
Neuer Vorschlag: Hierzu eine Theateraufführung gemeinsam mit einer christlichen Kita zu einen
Fest einüben.

Religionserziehung/Interreligiöse Erziehung und Bildung
Sprachliche Bildung/Musik
Theaterpädagogik
Kreatives
Experimente (mit Wasser)
Biologie/Natur

Bastelvorschlag

Prophet Isa (deutsch: Jesus, Sure 3:49)

Ziel: Vermittlung eines Wunders des Propheten Isa (deutsch Jesus)

Zielgruppe: Kindergruppe mit ca. 10 Kindern im Alter von 2,5 bis 6 Jahren

Arbeitsmaterialien: Gips,Ton, Knete oder Salzteig usw.

Methode/Geschichte:

In dieser Sure geht es darum, dass der Prophet Isa von sich erzählte,dass er aus Ton einen Vogel machte, der dann mit der Erlaubnis von Allah lebte und flog.
Dies ist ein Wunder von ALLAH. Allah hat den Propheten Isa diese Fähigkeit gegeben.

Auch hier kann wieder im Morgenkreis begonnen werden. In der Mitte kann eine abwaschbare Tischdecke liegen und Material zum Formen, sei es nun Gips,Ton oder Knete ist den Erziehern überlassen. Anfangs könnte man die Kinder Tiere formen lassen oder der Inhalt der Sure wird erzählt und die Kinder formen dann. Wichtig ist, dass erwähnt wird, dass nur Allah lebendige Geschöpfe erschaffen kann und dieses Wunder durch den Willen von Allah geschah!

Ergebnis:

Formen mit den o.g. Materialien ist immer sinnvoll und beliebt bei den Kindern.

Religionserziehung
Sprachliche Bildung
Kreativität/ Feinmotorik

25 namentlich bekannte Propheten

Ziel: Vermittlung von Prophetennamen
Gedanken zum eigenen Namen (Herkunft, Inklusion)

Zielgruppe: Kindergruppe im Alter von 3 bis 6 Jahren

Arbeitsmaterialien: 1 große Pappe DIN – A 3, Weltkarte usw.

Methode: Wir nennen im Morgenkreis alle unsere Namen (die Erzieher können mitmachen).
Die Erzieherin/ der Erzieher fragt nach, ob ein Kind die Herkunft seines Namens kennt.
Eine Gesprächsrunde folgt. Später wird ein (vorbereitetes) Plakat mit den 25 namentlich bekannten Propheten in die Kreismitte gelegt. Sie werden vorgelesen und es wird verglichen, ob Kinder in der Gruppe so heißen. Haben die Eltern etwas erzählt? Wieder folgt eine Geprächsrunde.
In einer multikulturellen Kindergruppe wird das richtig interessant.
Nach diesem Geprächskreis könnte ein langfristiges **ICH-Projekt** folgen. Die Kinder können mehr über sich und ihre Eltern erfahren, Flaggen ausmalen, die Herkunftsländer ihrer Eltern bzw. von sich selber auf der Weltkarte mit den Erziehern suchen und Fotos mitbringen oder noch viel mehr.

Ergebnis:

Die Kinder lernen noch mehr Prophetennamen dazu und dabei über sich selbst.

Religionserziehung
Sprachliche Bildung/Kommunikation
Inklusion/Pädagogik der Vielfalt

Vorschlag für den Morgenkreis

Schlusswort

Wir Pädagogen müssen in unserer täglichen Arbeit mit den Kindern vieles beachten. Zu unserer Arbeit gehört auch die sprachliche Bildung. Wo immer wir uns befinden, versuchen wir den Wortschatz der Kinder mit Dialogen zu erweitern. Dazu gehören Ausflüge und gemeinsame Einkäufe. Da sehen muslimische Kinder natürlich Ostereier und – hasen aus Schokolade und bunte Plastikeier zur Dekoration. Wenn man um die Weihnachtszeit draussen ist, sehen sie Weihnachtsbäume und die vielen Süßigkeiten. Natürlich liegt in der Bibliothek oder ähnlichen Einrichtungen ein Weihnachtsbuch mit einem Weihnachtsmann aus, der sofort großes Interesse erzeugt. Da werden viele Fragen gestellt und auch beantwortet. Wie man schnell erkennt, sind muslimische Kinder, Jugendliche sowie Erwachsene hier immer mit christlichen Elementen konfrontiert und lernen sie sowieso kennen. Aus diesem Grunde sollte man viel mehr miteinander kommunizieren anstatt sich zu diskriminieren. Wir können voneinander lernen um den Inhalt der Religionen besser zu verstehen. Was wollen Sie uns vermitteln? Wie aktuell sind die Themen? Also mir selbst fällt jeden Tag mit Religionspädagogik auf, dass die Themen durchaus aktuell sind und wir sie zeitgemäß umsetzen können bzw. könnten. Da gibt es den Tier- und Umweltschutz und vieles mehr wie zum Beispiel Bedürftigen zu helfen. Um natürlich zu Fragen der Kinder über hiesige Feiertage Auskunft zu geben, ist es erforderlich, diese Fragen neutral und richtig zu beantworten. Das fällt normalerweise (und das sollte man bedenken) einer Erzieherin/einem Erzieher, die in Deutschland aufgewachsen ist, leichter. Doch mir ist aufgefallen, dass Menschen mit Migrationshintergrund, die hier die Schule besucht haben, manchmal sehr wenig Wissen darüber haben. Das ist schade, denn gerade Erzieher/innen brauchen dieses kulturelle Hintergrundwissen. Eine Idee wäre, dass man in den Fachschulen Religion und Kultur als Unterrichtsfach anbietet und dafür Erzieher/innen in verschiedenen religiösen Kindertagesstätten als Fortbildung sozusagen hospitieren. Denkt man an die Einkaufssituation zu Feiertagen, könnte man ebenfalls über Elternkurse nachdenken, denn eine richtige Antwort auf Kinderfragen zu finden, ist bekanntlich nicht immer einfach. Sicherlich wird es kritische Stimmen zu dieser Praxishilfe geben, das ist mir durchaus klar. Ich weise ausdrücklich darauf hin, dass es mir um ein MITEINANDER geht und die Möglichkeiten, wie man das praktizieren kann. Durch Ausgrenzung, in welcher Form auch immer, kommt unsere Gesellschaft nicht weiter. Allerdings tendiere ich dazu, die islamische Religionspädagogik Muslimen zu überlassen, denn man muss schon hinter dem stehen, was man vermittelt. Ich hatte vor kurzem ein interessantes Anleitergespräch, über das ich noch länger nachgedacht habe. Natürlich kann ein Nicht-Muslim islamische Werte vermitteln, wenn sie/er ausreichend Wissen darüber hat. Aber es kommt auf die Person und die Einstellung an.

Quellen- und Literaturverzeichnis

Überlieferungen sind Hadithen und Teil der islamischen Lehre. Es handelt sich um Überlieferungen aus dem Leben des Propheten Muhammad s.a.s. . Dabei handelt es sich um Berichte, Erzählungen und Überlieferungen.

Suren – Der Quran ist in Suren geschrieben. Die Sure steht an erster Stelle, dann folgt der Vers

Sonstige:

1 www.uni-due.de Themenbezogene Spiele, Lieder und Reime 21.04.2018 21:05 (Tipp)

2 Elmar, Kinderbücher, Autor: David McKee, Thienemann Verlag (Buchtipp)

3 Vgl. www.cat-news.net/katzen-im-islam, 7 Beweise, Stand: 26.05.2018 und www.lesewerkarabisch.wordpress.com, Lesewerk Arabisch und Islam 17.03.2014 Ghurabalbayn, Katzen, Hunde und der Prophet, Stand: 26.05.2018

Erläuterung:
s.a.s. / s.a.w / a.s.s. steht als Ehre/Segenwünsche hinter dem Namen des Propheten Muhammad und bedeutet:
sallAllahu alayhi wa sallam/Allah segne ihn und schenke ihm Heil (Frieden)